Introducción.

Hola. Me llamo Sergio Caride. Al igual que tú, querido lector, he tenido mis problemas con Excel y me he tenido que poner las pilas.

En un entorno laboral donde manejar un ordenador es ya un requisito básico, programas como Word o Excel se convierten también en competencias que uno debe conocer y dominar.

Es por ello por lo que surge esta guía. Este texto fácil y práctico busca que conozcas el programa desde 0 y que seas capaz de desenvolverte con soltura. Con estos conocimientos, podrás acceder a muchos puestos de trabajo que requieren el manejo de este programa y, por tanto, ampliar tu horizonte de expectativas laborales.

Si eres como yo, y no tenías ni idea de cómo realizar operaciones básicas con Excel, adelante: este es tu momento. Nunca es tarde.

Sigue leyendo.

GUÍA DE EXCEL PARA PRINCIPIANTES

La mejor opción para empezar en casa desde 0

SERGIO CARIDE ESCRIBANO

Contenido

Introducción. 4
Fundamentos. 5
    Las casillas o celdas. 8
    Soltura en el manejo de Excel. 13
    Valores directos. 15
    Combinar celdas. 16
    Ajustar el texto de una celda. 17
    Formato de número. 19
    Formato de celda. 20
    Borrar ¿todo? y borrar formato. 21
    Ordenar y filtrar. 22
    Insertar un cuadro de texto. 24
    Arrastrar valores de celdas. 26
    Fórmulas y funciones básicas. 28
Conceptos básicos sobre operaciones. 29
Sumar y otras funciones predefinidas. 31
Tablas. 34
Tablas dinámicas. 38
Fijar o referenciar. 40
Gráficas en Excel. 44
Porcentajes. 49
Funciones avanzadas. 51
    Funciones de texto. 51
    Otras funciones que te serán útiles. 54
Imprimir el Excel. 57
Conclusión: esto es solo el principio. 59

Fundamentos.

En esta primera parte voy a explicarte los conceptos más básicos de Excel: las celdas, las hojas, cómo desplazarte...

Te recomiendo que vayas haciendo todo lo que lees en el ordenador. La única manera de aprender es haciéndolo y equivocándote.

Bueno, vamos a ello.

Lo primero que debes saber es que un archivo Excel se compone de varias **hojas** (de diferentes temáticas, por ejemplo), cada una con sus propias **casillas**. Cada hoja de cálculo organiza, analiza y emplea una serie de datos que nosotros introducimos. Un archivo Excel se llama **"libro de trabajo"**.

Para crear una hoja nueva, basta con darle al botón de **+** en la zona inferior de la pantalla, y así se agregarán nuevas hojas. Cada hoja está compuesta por **filas** (horizontal) y **columnas** (vertical), definidas las filas por un número (1,2,3...) y las columnas por una letra (A, B, C...).

Para **eliminar** una hoja, haremos clic derecho sobre su nombre y seleccionaremos "eliminar".

Ilustración 1: Nuestra hoja 1, a la que se le ha añadido una hoja 2.

Para hacer **zoom** en nuestra hoja de cálculo pulsaremos CTRL + ruleta del ratón para maximizar o minimizar (según el sentido en el que uses la rueda).

Para **duplicar** una hoja y así poder trabajar sin modificar los datos originales, pulsaremos sobre el icono de la hoja con CTRL + clic izquierdo. Arrastraremos el icono de la hoja duplicada para formar una nueva hoja.

Ilustración 2: La hoja 2 está duplicada. También se puede realizar esta operación haciendo clic derecho y seleccionando "duplicar".

Para cambiar el nombre de una hoja, únicamente basta con hacer doble clic sobre ella, y escribir, como en cualquier otro archivo o carpeta de tu ordenador.

En la parte superior de la pantalla tenemos la **barra de herramientas de acceso rápido** (con las funciones de guardar, deshacer y rehacer), y toda la barra de opciones: inicio, insertar, diseño de página… no te preocupes ahora por eso.

Si seleccionamos una casilla, podemos escribir lo que queramos en ella dentro de la **barra de fórmulas**.

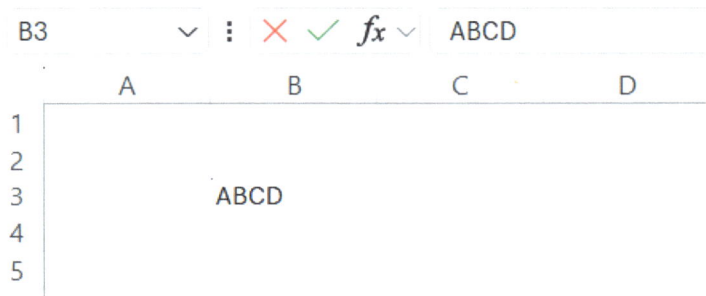

Ilustración 3: Hemos seleccionado manualmente la casilla B3, y estamos escribiendo en la barra de fórmulas (fx). También se puede escribir directamente dentro de la casilla si hacemos doble clic sobre ella.

Para **borrar** el contenido de una casilla o selección de casillas, únicamente debemos pulsar la tecla de "SUPRIMIR".

Las casillas o celdas.

Cada casilla, como hemos visto, está identificada (lo que se conoce como "**Referencia**") por una columna (letra) y una fila (número). Para escribir dentro de ella, podemos hacerlo dentro de la barra de fórmulas (como ya hemos visto), o directamente dentro de ella. Una vez escrito lo que queremos, pulsamos ENTER y confirmamos lo escrito.

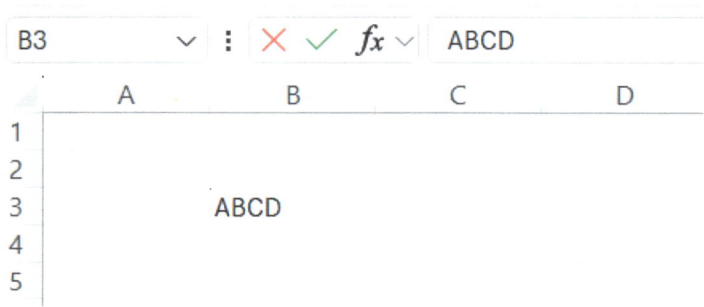

Ilustración 4: Vemos que la casilla seleccionada es la fila 3, columna B, y así se indica en la parte superior izquierda.

Con el cursor en su modalidad habitual (una cruz blanca), si hacemos clic izquierdo podemos **arrastrar** el ratón para **seleccionar** todas las casillas que queramos. Haciendo clic en el recuadro que se encuentra en la esquina superior entre la columna A y la fila 1 (o pulsando CTRL+A) seleccionaremos toda la hoja. Otras funciones habituales serán:

- CTRL+C para copiar y CTRL+V para pegar.
- CTRL+X para cortar y CTRL+V para pegar.

Las casillas pueden tener su **formato** en la pestaña "Inicio": negrita, subrayado, cursiva... También se pueden alinear al centro, a la izquierda o a la derecha.

Para **agrandar** una casilla, nos situamos con el cursor en la línea que divide las filas y/o columnas. Arrastrando esa línea agrandamos o empequeñecemos esa casilla. Es más, esta se adapta a la longitud del texto más largo escrita en una de sus celdas, lo cual es muy útil si al escribir vemos que el texto se mete detrás de la siguiente celda.

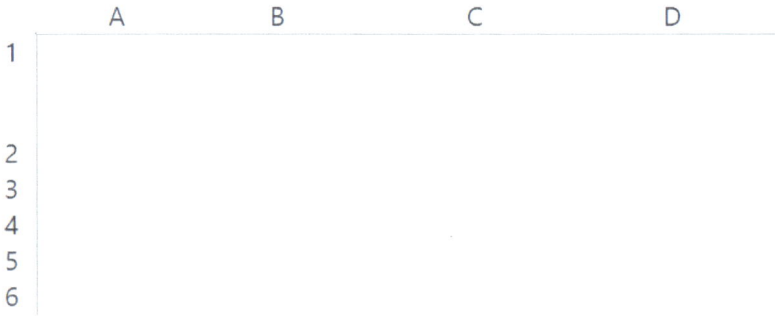

Ilustración 5: Hemos agrandado las casillas de la fila 2 y de la columna C pulsando sobre la línea divisoria entre las letras B y C.

Para **arrastrar y mover** una casilla, haremos clic sobre ella y la arrastraremos pinchando sobre el recuadro verde que se forma al seleccionarla. Así la podemos cambiar de lugar.

Ilustración 6: Recuadro verde sobre la casilla.

Para **seleccionar toda** una fila o toda una columna, nos situamos sobre su número o letra, respectivamente, y hacemos clic.

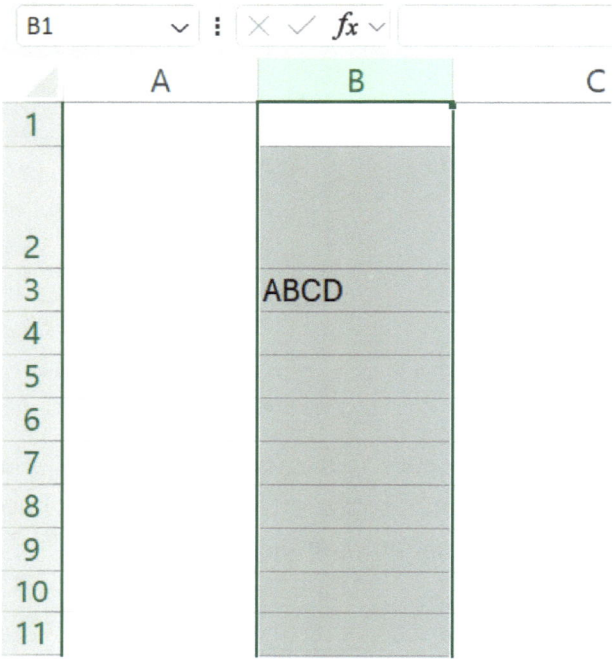

Ilustración 7: Columna seleccionada.

Para **insertar** una fila o columna, haremos clic derecho sobre su número o letra (respectivamente), y seleccionaremos "insertar". En el caso de las columnas, aparecerá una nueva columna a la izquierda. En el caso de las filas, aparecerá una nueva encima.

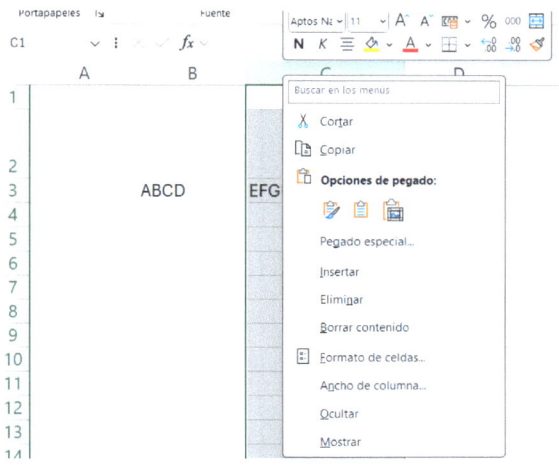

Ilustración 8: Clic derecho sobre la columna C. Seleccionamos "insertar".

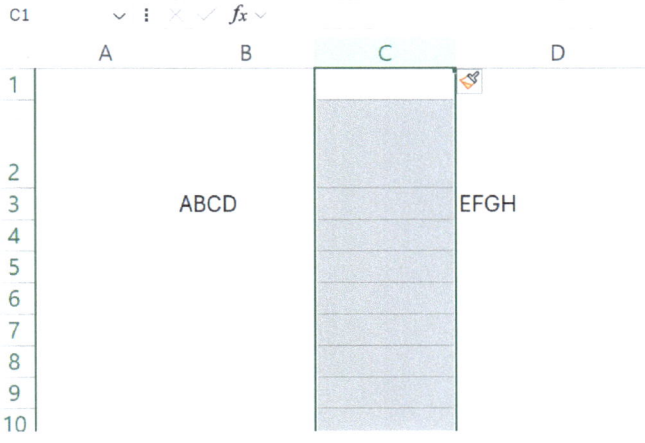

Ilustración 9: Aparece una nueva columna.

Para **eliminar** una fila o una columna, haremos clic con el botón derecho sobre su número de fila o letra de columna, seleccionando "eliminar".

Como ya hemos visto antes, si hacemos doble clic en los límites entre filas o columnas, la fila o columna se **adapta** al tamaño de lo más "grande" que haya escrito dentro de una de sus casillas. Aquí tienes el ejemplo.

Ilustración 10: Hemos hecho doble clic sobre uno de los límites de la columna D.

Si seleccionamos una casilla, pero queremos salir de ella sin modificar absolutamente nada, que no cunda el pánico. Con pulsar la tecla ESC es suficiente. Saldremos de la casilla sin haber cambiado nada.

Soltura en el manejo de Excel.

Vamos a repasar algunos conceptos y a aprender alguno nuevo.

Ya sabrás que, si escribes algo en una celda, al pulsar "ENTER" se queda escrito el valor y se pasa automáticamente a la siguiente casilla.

Si quieres seleccionar toda la columna o fila, vete al extremo de la hoja (donde aparecen las filas del 1 al infinito, y las columnas de la A al infinito) y pulsa sobre una de ellas.

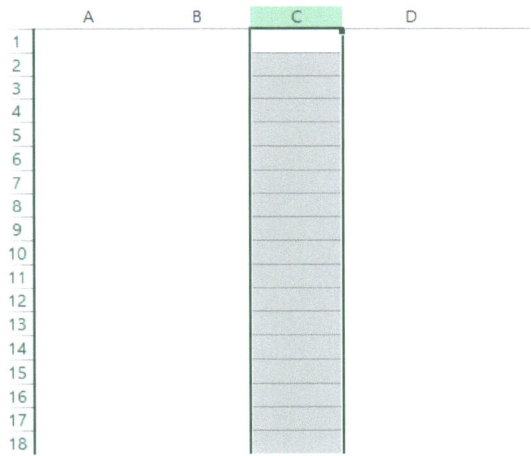

Ilustración 11: Hemos seleccionado toda la columna C.

Bien. Es muy útil que sepas que puedes **desplazarte** por las celdas empleando las flechas del teclado o cursores. Genial, siguiente.

Si mantienes pulsado CTRL mientras le das a una flecha del teclado, si estás navegando por una tabla, te irás directamente al **extremo** de esa tabla en la dirección que hayas pulsado.

Si pulsas el botón MAYUS, al pulsar una flecha del teclado se te irán seleccionando las celdas. Útil, ¿verdad? Si estás en la parte superior de una tabla y has seleccionado toda la fila de arriba, pulsando MAYUS-CTRL-Flecha hacia abajo, seleccionarás todo lo que haya en la tabla en esa dirección. Si estás en cualquier celda de la tabla, pulsando MAYUS-CTRL-Espacio **seleccionarás toda la tabla**.

Por favor, ve probando todo esto cuando sepas hacer tablas.

Para insertar filas debajo de una fila, basta con estar sobre esa fila ENTERA, y pulsar CTRL y el símbolo + tantas veces como lo necesitemos. Lo mismo ocurre con una columna. Para deshacerlo, solo hay que seleccionar las filas y columnas añadidas y pulsar el símbolo – con CTRL pulsado.

Ahora todo esto te puede parecer más o menos útil, pero créeme. Volverás. Y te parecerá mucho más útil.

Valores directos.

Al seleccionar varias casillas con datos, Excel proporciona un vistazo rápido de:

- El **promedio** de esos valores.
- El número (**recuento**) de casillas seleccionadas.
- La **suma** de todos esos valores.

Ilustración 12: Abajo, a la derecha, salen dichos valores. Podemos ver que el promedio de estas casillas es 5'75, que tenemos 4 casillas seleccionadas y que la suma de sus valores es 23.

Combinar celdas.

Para **combinar** varias celdas, lo que debemos hacer es seleccionarlas y hacer clic sobre "combinar y centrar", una opción que se encuentra en el apartado "alineación" de la barra de herramientas.

Gastos	
20	35
40	42
50	60

Ilustración 13: Queremos que la casilla de gastos cubra ambas columnas.

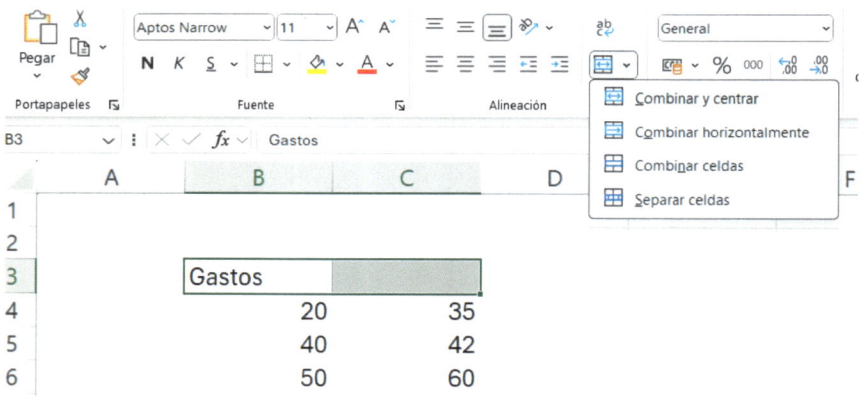

Ilustración 14: Seleccionamos ambas celdas y la opción de "combinar y centrar".

Gastos	
20	35
40	42
50	60

Ilustración 15: Ahora tenemos una casilla más grande.

Ajustar el texto de una celda.

En el siguiente ejemplo vemos (ya hemos estudiado esto antes, pero insisto) como, a pesar de que el texto está escrito en una única celda (la A9), éste se sale de la celda y ocupa las adyacentes.

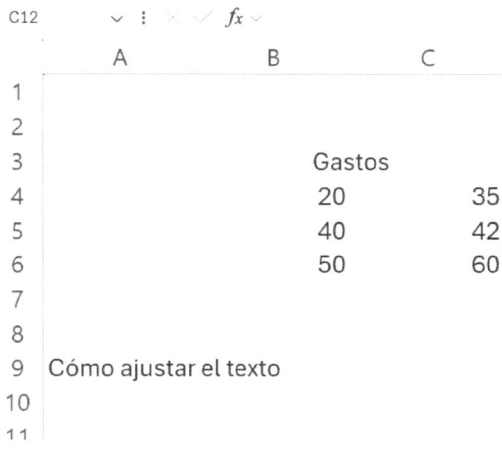

Ilustración 16: El texto se sale de la casilla A9.

Como hemos visto, en caso de hacer doble clic en la línea divisoria entre las columnas A y B, la columna A se expandiría hasta ocupar todo el largo de lo que más ocupe una de sus celdas. En este caso, toda la columna A tomaría el tamaño del texto escrito.

Pero si seleccionamos la opción "ajustar texto", la casilla **se agrandará hacia abajo**, dando espacio a todo el texto que contiene.

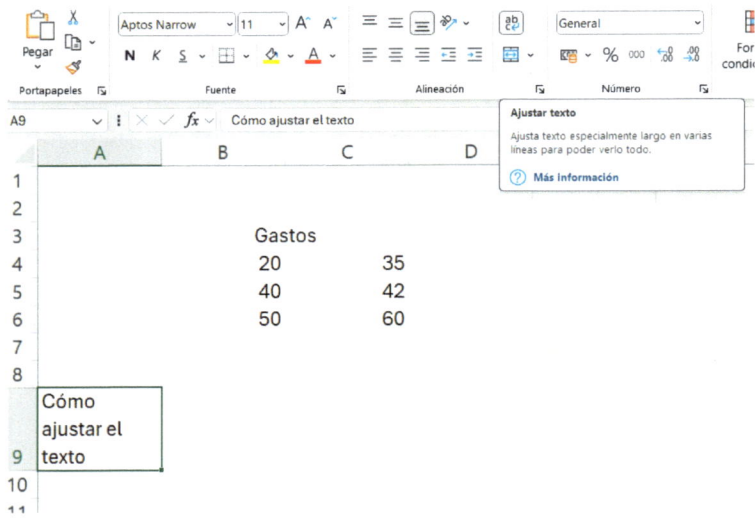

Ilustración 17: Hemos seleccionado "ajustar texto", cuyo icono viene en la barra de herramientas con un dibujo de las letras "abc" y una flecha azul.

Formato de número.

En el apartado "número" de la barra de herramientas, podemos seleccionar varios **formatos** para una selección de celdas que contengan números.

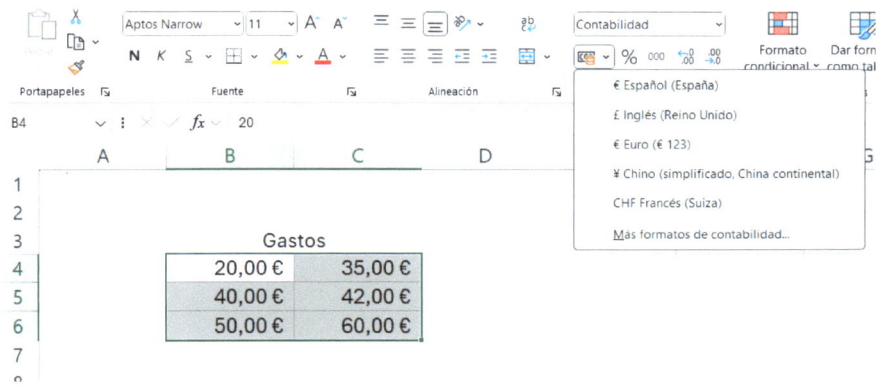

Ilustración 18: Por ejemplo, en el desplegable de formatos, la opción "euro español" transforma los valores en euros, con decimales.

Cada vez que se escriba en casillas que fueron seleccionadas, Excel aplicará el formato seleccionado. Otras opciones contemplan, por ejemplo, los porcentajes, o agregar y quitar decimales. En la flecha de la esquina inferior derecha de la opción "número" hay un desplegable con más formatos (como, por ejemplo, formato fecha).

Formato de celda.

Si seleccionamos una o varias celdas, podemos **darle un estilo** en el apartado "estilos" de la barra de herramientas. Muchos de ellos ya vienen predeterminados.

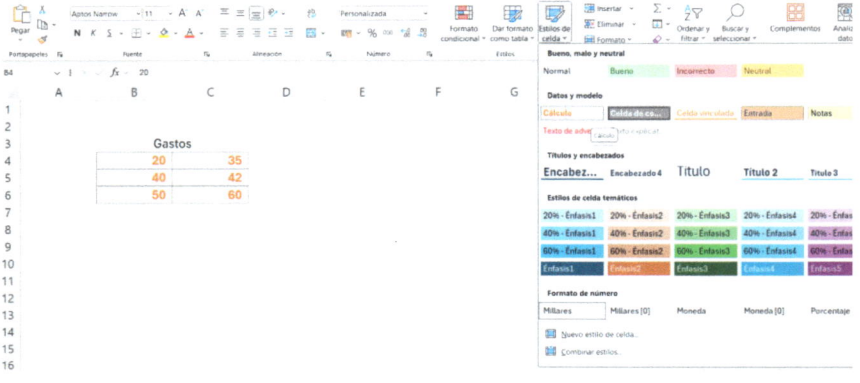

Ilustración 19: Podemos seleccionar varios estilos para nuestras celdas.

Borrar ¿todo? y borrar formato.

Para borrar el formato de una casilla o casillas, simplemente las seleccionamos y luego cogemos la opción de "borrar" en la pestaña de inicio.

- Si seleccionamos "borrar todo" las casillas o celdas quedarán **en blanco**.
- Si seleccionamos "borrar formato" únicamente quedará lo escrito en la celda, pero **desaparecerá el formato**.

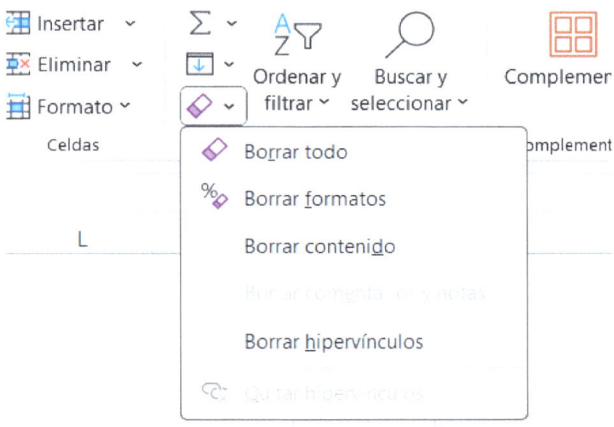

Ilustración 20: Diferentes opciones de "borrar".

Ordenar y filtrar.

Si seleccionamos varias casillas, en el apartado "ordenar y filtrar" de la barra de herramientas nos dará la opción de **ordenarlas**. En el caso de letras, vendrá predeterminado un orden alfabético. En el caso de números, lo predeterminado serán órdenes de mayor a menor, o viceversa.

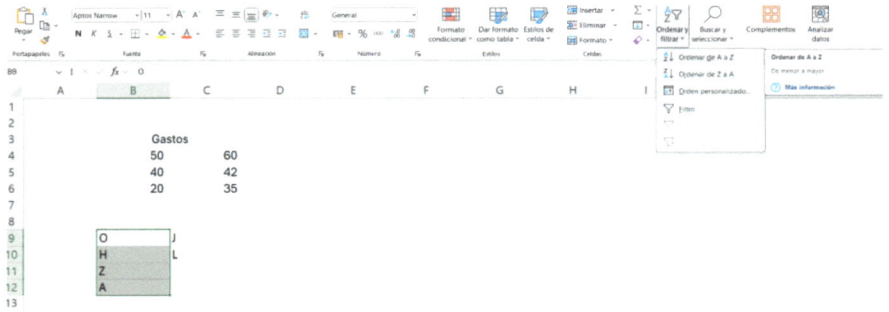

Ilustración 21: En este caso, al seleccionar "ordenar de A a Z", las columnas se reorganizarán y aparecerán como AHOZ.

Si seleccionamos la opción "filtro", aparecerán en las celdas seleccionadas unos botones con una flecha **desplegable** que permitirán ordenar las columnas o filas subordinadas según los **criterios** disponibles. En definitiva, nos permite mostrar solo las filas que cumplen con ciertos criterios y ocultar temporalmente el resto de los datos para centrarnos en dichas filas.

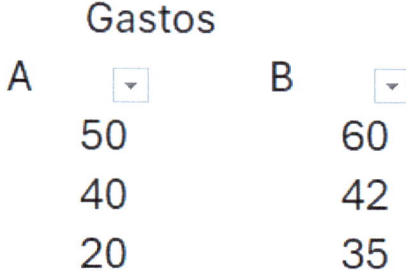

Ilustración 22: Nos aparece el desplegable.

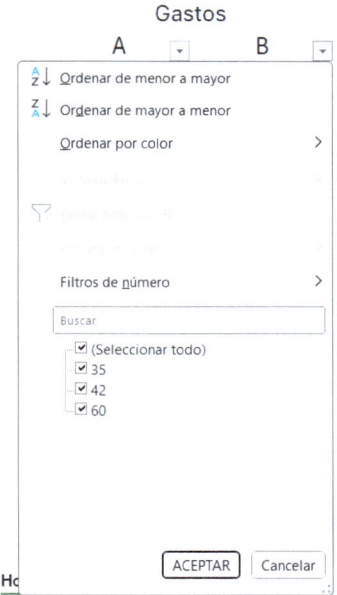

Ilustración 23: Si seleccionamos una de las flechas, aparecen varias opciones.

Insertar un cuadro de texto.

Para insertar un cuadro de texto, nos iremos a la pestaña de insertar y seleccionaremos la opción "texto". Allí, en su desplegable, tendremos la opción "cuadro de texto".

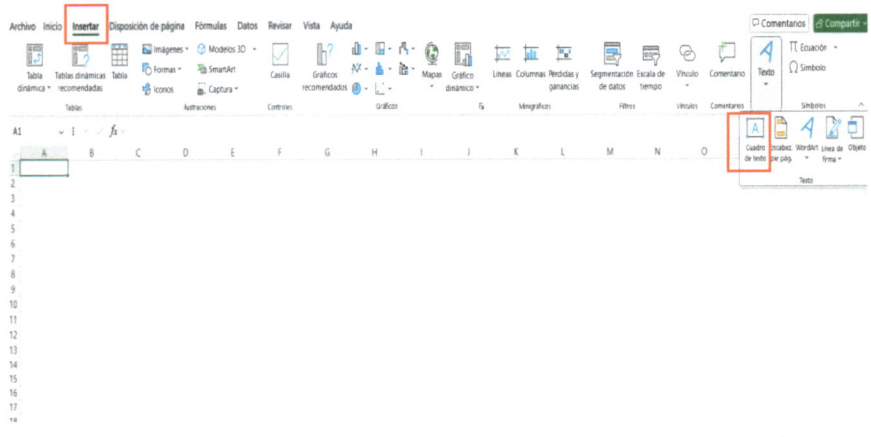

Ilustración 24: Seleccionamos "cuadro de texto".

Este cuadro de texto lo podemos **personalizar** (relleno, formato, estilo) desde la pestaña "formato de forma".

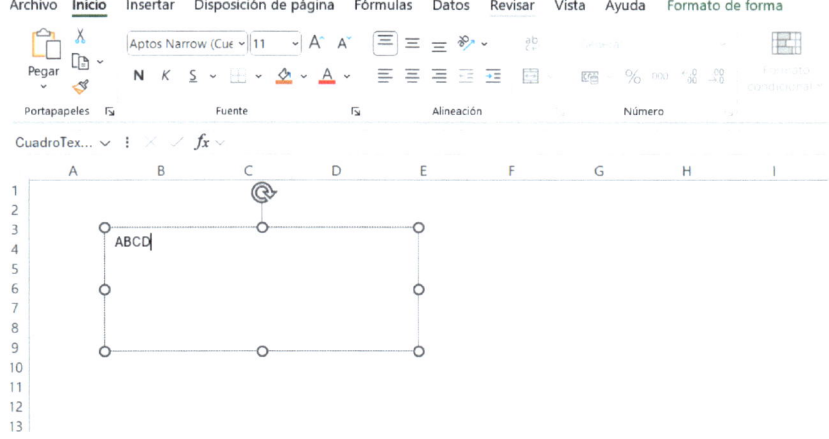

Ilustración 25: Vemos arriba la opción de formato de forma. Este cuadro, por supuesto, también se puede agrandar o mover como cualquier cuadro.

El mismo procedimiento será el que empleemos cuando queramos insertar una imagen. Seguiremos la secuencia Insertar-imagen.

Arrastrar valores de celdas.

Si seleccionamos una casilla y hacemos clic en su esquina inferior derecha (donde está un pequeño punto del mismo color que el resaltado de la celda), arrastrando desde esa esquina podemos **arrastrar el valor** de esa celda hasta donde queramos.

Ilustración 26: Hemos pulsado sobre la esquina inferior derecha y arrastrado la celda hacia abajo.

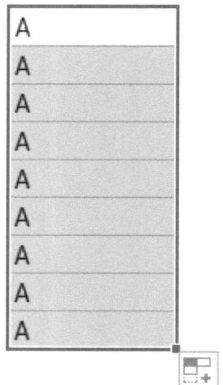

Ilustración 27: El resultado.

Si seleccionamos el desplegable que aparece nada más arrastrar, nos encontramos con opciones interesantes. Nos da opciones de solo rellenar el formato, o de seguir una progresión. Por ejemplo, si hubiéramos escrito el número 1, seleccionando esta última opción las celdas se rellenarían con el 2, 3, 4... hasta donde hayamos arrastrado.

Es interesante conocer que también se pueden **arrastrar fórmulas** matemáticas, lo cual en un momento dado puede serte útil.

Fórmulas y funciones básicas.

Una **fórmula** es una serie de instrucciones para calcular un valor.

Excel nos permite localizar de forma sencilla y desde la pestaña de Inicio una serie de fórmulas básicas: suma, promedio, contar números… que casualmente son las mismas que aparecen en el apartado "Valores Directos" de unas páginas atrás.

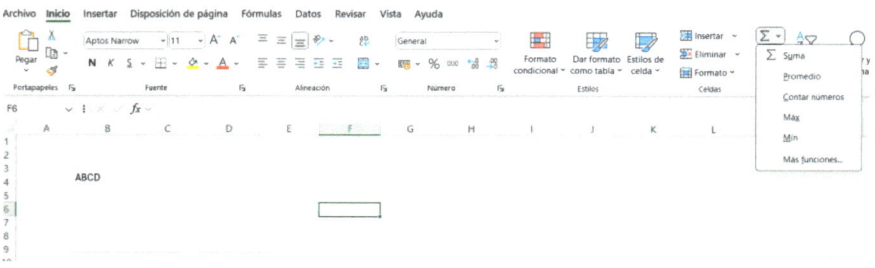

Ilustración 28: Pestaña con fórmulas básicas. Esta letra "E" realmente es una "SIGMA" griega y significa "sumatorio".

Otra opción es ir directamente al apartado "fórmulas" de la barra de herramientas, donde vienen desplegadas y clasificadas por temática financiera, matemática, etc.

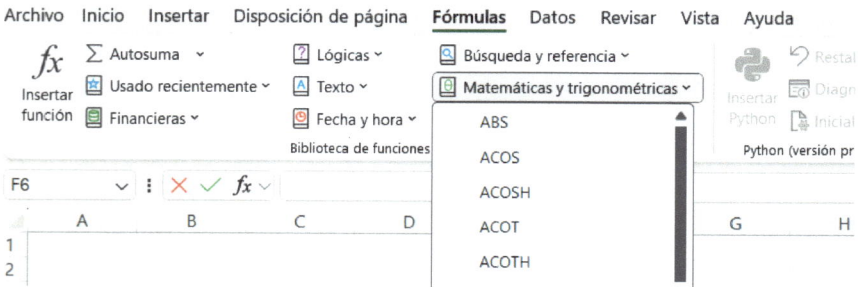

Ilustración 29: Pestaña "fórmulas". Aquí tenemos desplegadas las matemáticas y trigonométricas.

Conceptos básicos sobre operaciones.

Para empezar a realizar operaciones sencillas, debes saber lo siguiente:

- Las operaciones básicas en Excel son la **suma**, la **resta**, la **multiplicación** y la **división**. Todas ellas se escriben como se ve en la siguiente ilustración.

```
SUMA            +
RESTA           -
MULTIPLICACIÓN  *
DIVISIÓN        /
```

Ilustración 30: Símbolos básicos con el teclado. Otros menos comunes son, por ejemplo, la potencia (^)

- Para realizar cualquier operación matemática, seleccionaremos una celda y escribiremos el **signo =**.
- Una vez hecho esto, escribiremos cualquier valor y cualquier símbolo matemático para realizar la operación.
- Pulsando "ENTER" tendremos el valor deseado.

$$=8/2$$

Ilustración 31: Pulsando "enter", aparecerá el número 4, resultado de dividir 8 entre 2.

Si deseamos ver lo que realmente hay escrito en la casilla donde aparece el resultado, haciendo doble clic se verá la operación que hemos realizado. Por ejemplo, haciendo clic sobre la celda donde aparece nuestro número 4, aparecerá "=8/2".

Si queremos realizar operaciones más largas y complejas, hay que tener en cuenta el **orden de las operaciones matemáticas**. Esto no es de Excel, sino que deberías recordarlo de cuando estabas estudiando. En primer lugar, se resuelven los corchetes y paréntesis. Después, las potencias y las raíces. En tercer lugar, las divisiones y multiplicaciones y, ya, por último, la suma y la resta. ¿Te acordabas?

Por ejemplo: si tenemos la operación 10/2+3-7+(6+2*9) el orden será como sigue:

1. Resolvemos el paréntesis. Dentro hay una multiplicación, así que tiene prioridad: 10/2+3-7+(6+18)
2. Ahora resolvemos el paréntesis entero. 10/2+3-7+24.
3. La prioridad ahora la tiene la división sobre la suma: 5+3-7+24.
4. Por último, sumamos y restamos: 25 es el resultado final.

Si lo hubiéramos escrito en Excel (siempre con el símbolo = al principio) nos hubiera dado este valor **directamente**.

Sumar y otras funciones predefinidas.

Esta es una de las operaciones más sencillas. Se trata de sumar varios valores.

Para sumar, y para todas las operaciones en general, hay varias opciones.

En primer lugar, veremos la opción más sencilla. Seleccionaremos otra celda y pondremos el signo de =. En **TODAS** las operaciones colocaremos **SIEMPRE** este signo.

Una vez colocado vamos escribiendo los valores que queremos sumar.

Ilustración 32: Escribimos los valores a mano en la casilla de la derecha.

28

Ilustración 33: Al pulsar "ENTER", la casilla nos devolverá la solución.

Esta opción es la más lenta, laboriosa y propensa a errores, sobre todo en tablas grandes y con números más complejos, ya que requiere que escribamos todos ellos a mano.

El segundo método sirve para escribir menos, y, por ello, es mucho más rápido. Una vez más, colocamos el signo = en la casilla donde queramos que aparezca la solución. Esta vez, sin embargo, hacemos clic en la primera casilla que queramos sumar, tecleamos el signo +, seleccionamos la segunda casilla, y así sucesivamente. Pulsamos "ENTER" y ya tendríamos el resultado.

Ilustración 34: Tras colocar el =, seleccionamos la primera casilla. Luego pulsamos + y seleccionamos la segunda casilla. Luego volvemos a pulsar + y volvemos a hacer clic en la tercera casilla. Y, finalmente, hacemos lo mismo con la cuarta.

Además... ¡sorpresa! **Si cambiamos uno de los valores de esas celdas, el resultado de la suma con este segundo método se actualizará automáticamente.**

La última de las opciones es la más **útil** y **genérica**. Como hemos visto antes, hay un apartado en la barra de herramientas (en el apartado de Inicio) para fórmulas de uso inmediato. Desde allí podemos seleccionar la función "Suma", que nos colocará la función predeterminada que tiene EXCEL para hacer sumas en la casilla que queramos.

Es muy sencillo: seleccionamos la casilla, luego seleccionamos "suma" y luego seleccionamos, arrastrando el ratón, todas las casillas que queramos sumar. La propia casilla nos dará el valor en cuanto soltemos el ratón y pulsemos "ENTER".

Ilustración 35: Tras seleccionar "suma" seleccionamos todas las casillas que necesitemos sumar.

Igualmente, si modificamos una casilla se modificará el valor de la suma.

Y... ¡sorpresa! El resto de las operaciones (además de la resta, la multiplicación o la división) siguen **exactamente el mismo patrón**.

- Promedio **=PROMEDIO ()**: calcula la media aritmética de todos los valores de un conjunto de celdas o casillas.
- Valor mínimo **=MIN ()**: de un conjunto de celdas, encuentra su valor mínimo.
- Valor máximo **=MAX ()**: lo mismo, pero encontrando el valor máximo.
- Contar **=CONTAR ()**: nos cuenta cuántas celdas de las que hemos seleccionado tienen números.

Tablas.

Vamos a ver algo fundamental: puedes estar horas dándole formato a tus celdas para hacer una tabla, o leer lo que te voy a contar ahora.

Si seleccionas **un rango de casillas** (las que quieres que se conviertan en tabla), puedes DIRECTAMENTE seleccionar, en la sección de "inicio", la opción "dar formato como tabla". Y verás la magia.

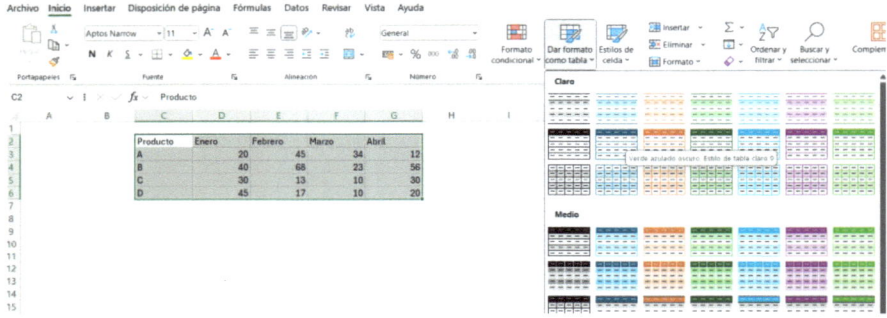

Ilustración 36: Seleccionamos todas las casillas de nuestro Excel y nos vamos a la opción de "dar formato como tabla".

Puedes escoger entre muchísimas opciones, y luego podrás personalizar los colores.

Ilustración 37: La tabla ya viene con las opciones desplegables de filtros en los encabezados.

Pulsando sobre el borde superior de una de las columnas, aparecerán cuatro pequeñas flechas. Pulsamos, y veremos que podemos **arrastrar y mover la columna a lo largo de la tabla para cambiarla de sitio**.

Para, por ejemplo, **eliminar una columna** de nuestra tabla, basta con pulsar una de las celdas, hacer clic derecho sobre ella, y seleccionar la opción de eliminar toda la columna.

Seleccionando toda la tabla (haciendo clic sobre su esquina superior izquierda), aparece en la barra de herramientas la opción "diseño de tabla", donde tenemos opciones tan variadas como añadir casillas de cálculo de totales, promedios, eliminar encabezados… En el caso de los totales, al seleccionarlo aparecerá un total en la columna de más a la derecha. Si seleccionamos la casilla de la izquierda de donde aparece dicho total, hay un desplegable que nos permite colocar también su total o cualquier otra función.

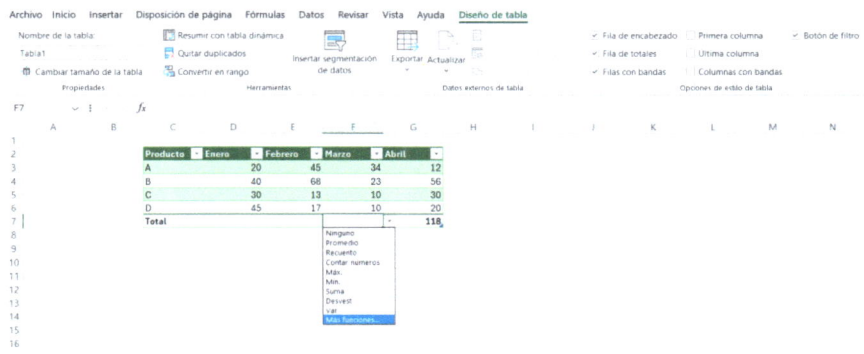

Ilustración 38: Vemos que en la barra de herramientas está seleccionado "fila de totales" (en la tabla aparece el total de 118, la suma de la última columna). Vemos también la opción del desplegable en la siguiente casilla.

Vamos a ver una cosa muy, muy chula. Si en "diseño de tabla" seleccionamos la opción "insertar **segmentación** de datos", seleccionando la categoría que queramos nos saldrá una ventana para seleccionar las distintas opciones de esa categoría. Parece un lío, pero veamos un ejemplo:

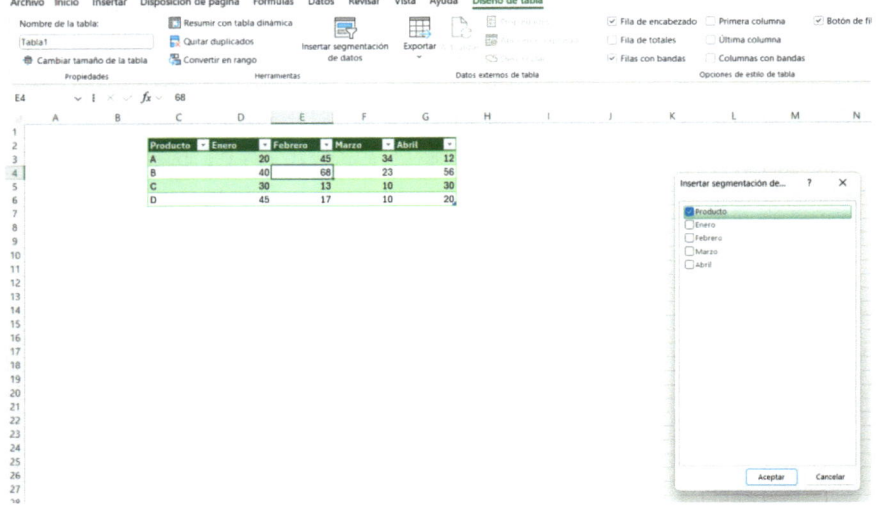

Ilustración 39: Seleccionamos la segmentación en este caso por producto.

Ilustración 40: Nos aparece esta ventana. Nos da la opción de seleccionar cada producto para que la tabla nos muestre solamente sus valores.

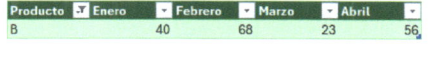
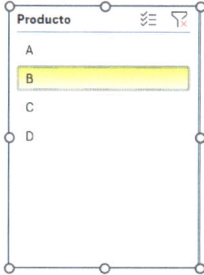

Ilustración 41: Por ejemplo, si seleccionamos el producto B, la tabla nos muestra todo lo relacionado con B.

Fácil, ¿verdad? Esto es muy útil en tablas más complejas, como en las que aparecen muchos tipos de datos (por ejemplo, tipos de gastos), o muchas categorías.

Para deshacer la selección de uno de los filtros, podemos darle a clic a la cruz roja que aparece en la ventana.

Cuando estamos sobre la ventana de segmentación, aparece en la barra de herramientas la ventana de "opciones". Una de las más interesantes es la de dar formato por columnas, en vez de por filas (como aparece por defecto), y así colocarlo, por ejemplo, sobre el encabezado. También se pueden cambiar el color, los bordes…

Por último, un *tip*: si vamos a la opción de "vista" en la barra de herramientas, podemos **eliminar la cuadrícula**, dando aspecto de folio en blanco.

Tablas dinámicas.

Si, al seleccionar una tabla, nos vamos a la opción "insertar" y cogemos la opción "tabla dinámica", nos aparecerá un **desplegable**:

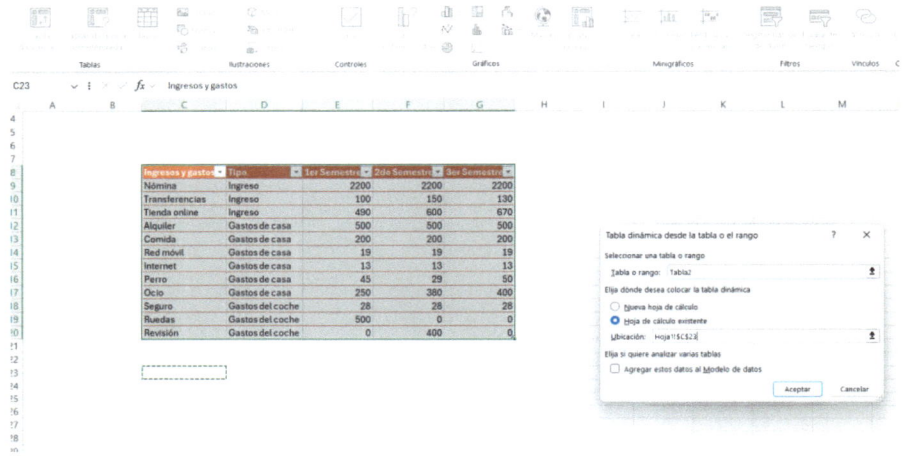

Ilustración 42: En el desplegable seleccionamos toda la tabla. La ubicación puede ser en la misma hoja o en una nueva. En la misma hoja seleccionamos la celda donde queremos que aparezca.

De esta forma lo que hacemos es, a partir de una tabla muy grande y con muchos datos, crear tablas más pequeñas y concretas. Es decir, **reorganizaremos a nuestra manera grandes cantidades de datos para resumir, filtrar y analizar** como queramos.

Fíjate en cómo queda en este ejemplo:

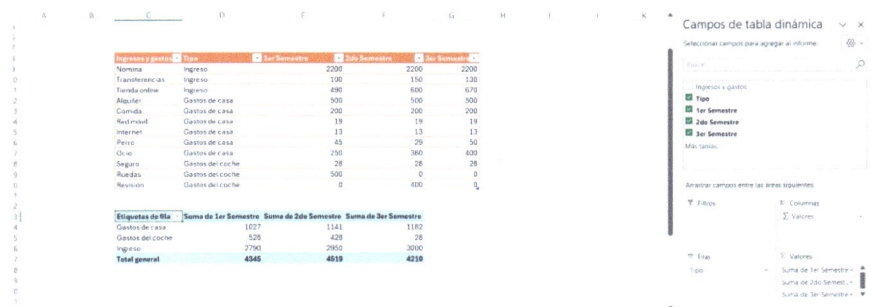

Ilustración 43: En el desplegable de la derecha arrastramos la categoría "tipo" a la ventana de "filas". Así, la tabla dinámica nos crea tres filas, una para ingresos, otra para gastos del coche y otra para gastos de casa. Si arrastramos las tres categorías correspondientes a los semestres a la ventana de "suma de valores", la tabla crea columnas en la que nos da los totales por categoría que hemos creado.

Los campos de la tabla dinámica son los siguientes:

- **Área de filas**: Los datos que arrastres aquí aparecerán como etiquetas de fila.
- **Área de columnas**: Los datos que arrastres aquí aparecerán como encabezados de las columnas.
- **Área de valores**: Aquí se muestran los cálculos o datos resumidos (suma, promedio…).
- **Área de filtros**: Podemos emplearla para agregar filtros a toda la tabla dinámica.

Increíble, ¿no? Si actualizamos un dato en la tabla de origen, en "analizar tabla dinámica" de la barra de herramientas debemos seleccionar el botón de "actualizar". Si no, la tabla dinámica no variará.

Fijar o referenciar.

Para entender este concepto, vamos a explicarlo con el clásico ejemplo de las ventas y los porcentajes.

Pongamos que tenemos una empresa, y vendemos dos productos. El producto A y el producto B. De cada uno de ellos vendemos una serie de unidades a un precio, lo cual nos da un resultado monetario. Sin embargo, debemos pagar un 12% de impuestos. Vamos a verlo.

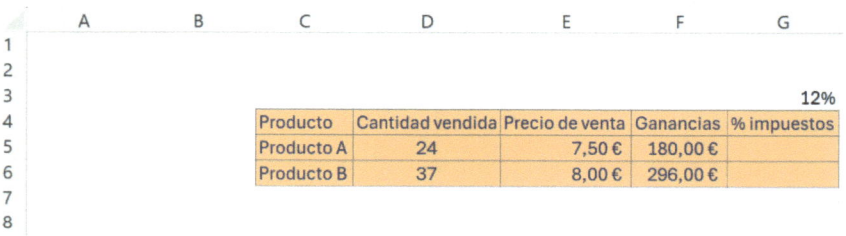

Ilustración 44: En nuestra tabla podemos ver las ganancias. Este valor viene de escribir en la fila del producto A la operación =D5*E5 (es decir, la cantidad multiplicada por su precio).

Una vez hemos realizado dicha operación, como hemos visto, si arrastramos la casilla F5 (con las ganancias de 180 euros) hacia abajo, Excel, que es inteligente, repite la operación empleando las casillas del producto B. Es decir, desplaza la operación hacia abajo.

Pero veamos. ¿Qué ocurre ahora con los porcentajes?

	A	B	C	D	E	F	G
1							
2							
3							12%
4			Producto	Cantidad vendida	Precio de venta	Ganancias	% impuestos
5			Producto A	24	7,50 €	180,00 €	21,60 €
6			Producto B	37	8,00 €	296,00 €	
7							

Ilustración 45: Realizamos en la primera celda =G3*F5. Ello nos da el valor que debemos pagar en impuestos.

Ahora, arrastramos la operación.

	12%	
de venta	Ganancias	% impuestos
7,50 €	180,00 €	21,60 €
8,00 €	296,00 €	#¡VALOR!

Ilustración 46: ¡Vaya!

El problema es que Excel, ahora, al desplazar la operación hacia abajo escribe lo siguiente.

	A	B	C	D	E	F	G
1							
2							
3							12%
4			Producto	Cantidad vendida	Precio de venta	Ganancias	% impuestos
5			Producto A	24	7,50 €	180,00 €	21,60 €
6			Producto B	37	8,00 €	296,00 €	=G4*F6
7							

Ilustración 47: ¿Ves el problema? Está multiplicando la casilla F6 por la G4, pero la G4 tiene texto escrito, con lo cual no es capaz de realizar la operación.

Esto se debe a que, al arrastrar la operación y desplazarse Excel hacia abajo para realizarla, se ha topado con una casilla que en vez de un número pone "%impuestos".

Por tanto, lo que necesitamos es "fijar" esa celda G3 (la que tiene 12% en su interior) durante esta operación.

    1. Nos metemos en la casilla con el cálculo correcto (donde se inicia la operación que luego arrastraremos). En el ejemplo es la G5.

    2. Seleccionamos la parte del cálculo que queremos fijar. En este caso, la celda G3.

    3. Pulsamos UNA vez la tecla "F4". Aparecerán símbolos de dólar delante de la fila y columna de G3. Así, comprobamos que se han fijado tanto la fila como la columna.

4. Pulsamos "enter" para tener la operación resuelta.
5. Ya podemos arrastrar con tranquilidad la operación.

Producto	Cantidad vendida	Precio de venta	Ganancias	% impuestos
				12%
Producto A	24	7,50 €	180,00 €	=G3*F5
Producto B	37	8,00 €	296,00 €	

Ilustración 48: Paso 1: seleccionamos la casilla y pulsamos "F4", y comprobamos que aparecen los símbolos de dólar en la fila y la columna.

Producto	Cantidad vendida	Precio de venta	Ganancias	% impuestos
				12%
Producto A	24	7,50 €	180,00 €	21,60 €
Producto B	37	8,00 €	296,00 €	35,52 €

Ilustración 49: Paso 2: hemos arrastrado y se realiza la operación correctamente.

Ya has aprendido una de las bases fundamentales para Excel.

Si pulsas sobre la casilla de los impuestos del producto B, verás que la casilla G3 se mantiene fija, pero que la otra casilla ahora es F6.

La regla general es la siguiente:

La referencia no cambia cuando Excel copia la fórmula. El signo del dólar se puede colocar antes de la fila, antes de la columna, o antes de ambas.

Por tanto, las referencias pueden ser relativas (cuando arrastras la fórmula sin más), absolutas (fijando la fila y columna, es decir, siempre se utiliza una celda en concreto) o mixtas (fijando solo una fila o una columna).

Los errores más comunes que nos puede dar Excel son:

- **#DIV/0!**: cuando se intenta dividir un número entre 0 (matemáticamente no se puede).
- **#N/A**: nuestra fórmula no encuentra el valor que le pedimos.
- **#REF!**: Cuando la fórmula contiene una referencia de celda inválida. Es el caso del ejemplo.

Además, si quieres hacer una operación entre dos valores situados en hojas distintas (por ejemplo, la celda A2 de la Hoja 1 y la celda B4 de la Hoja 2), solamente tienes que hacer lo siguiente (en el ejemplo sumamos las dos celdas):

=A2 + Hoja2!B4

Gráficas en Excel.

Vamos ahora con uno de los pesos pesados de EXCEL. Y uno de los conceptos más empleados (y útiles) de este programa. Los **gráficos**.

El primer paso para hacer un gráfico es tener **todo situado en una tabla**. EXCEL convertirá **esa información en una gráfica**.

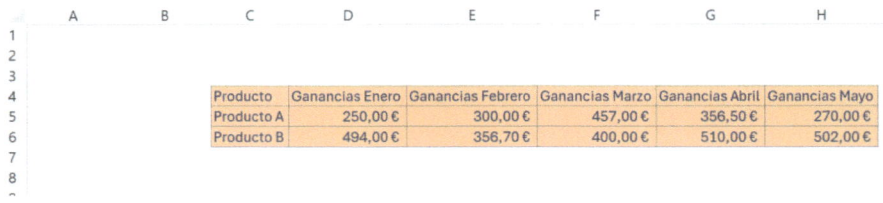

Ilustración 50: Aquí tenemos nuestra tabla, con las ganancias por mes de cada producto de nuestra tienda.

Lo primero que debemos hacer es seleccionar **TODA** nuestra tabla. Una vez hecho esto, iremos a la pestaña de "insertar", y allí seleccionaremos cualquier **gráfico que nos interese**.

Hay gráficos de muchos tipos, y pasando el ratón por encima de cada uno de ellos podremos **previsualizarlos** en nuestra pantalla. Cuando nos guste uno, hacemos clic.

Los hay por barras, por barras en 3D, por líneas, por líneas con puntos, gráficas circulares, áreas... yo voy a seleccionar uno de barras en 3D. Hacemos clic y... ¡*voilá*! Ya tenemos nuestra primera gráfica. **Ésta se inserta directamente en nuestra hoja**.

Producto	Ganancias Enero	Ganancias Febrero	Ganancias Marzo	Ganancias Abril	Ganancias Mayo
Producto A	250,00 €	300,00 €	457,00 €	356,50 €	270,00 €
Producto B	494,00 €	356,70 €	400,00 €	510,00 €	502,00 €

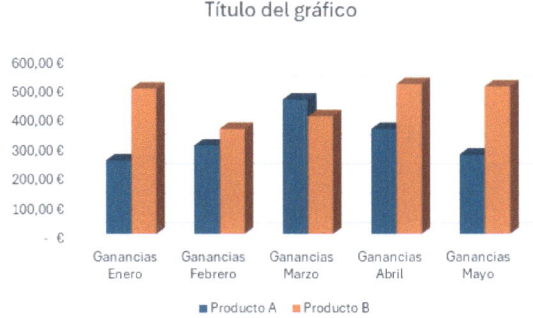

Ilustración 51: Nuestra primera tabla.

Si hacemos clic sobre la tabla, tenemos varias opciones para darle formato, agregar texto o cambiar el título. También hay un filtro para ocultar o ver datos de la gráfica.

De la misma forma, en la barra de herramientas están las opciones de "estilo de gráfico" y "formato" para personalizar nuestra gráfica.

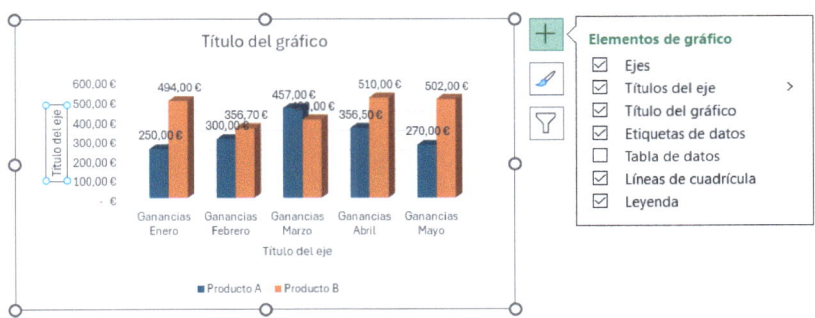

Ilustración 52: La primera opción nos permite añadir elementos a la gráfica, como títulos para los ejes y etiquetas en las barras.

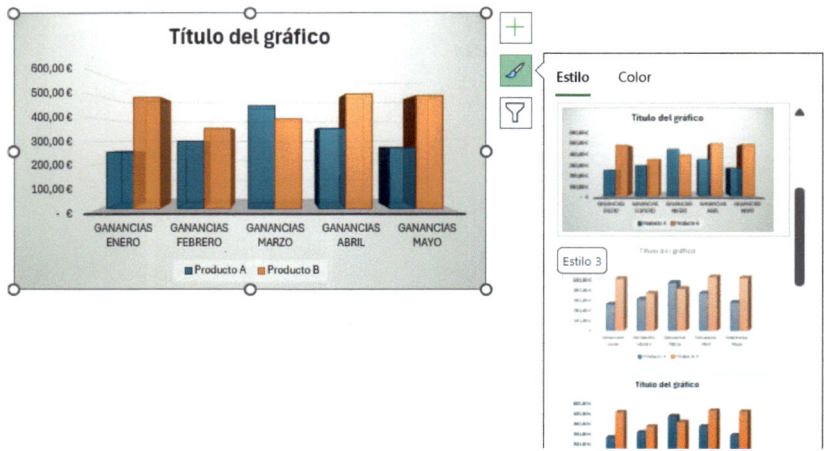

Ilustración 53: La segunda opción nos permite seleccionar estilos y colores para la gráfica.

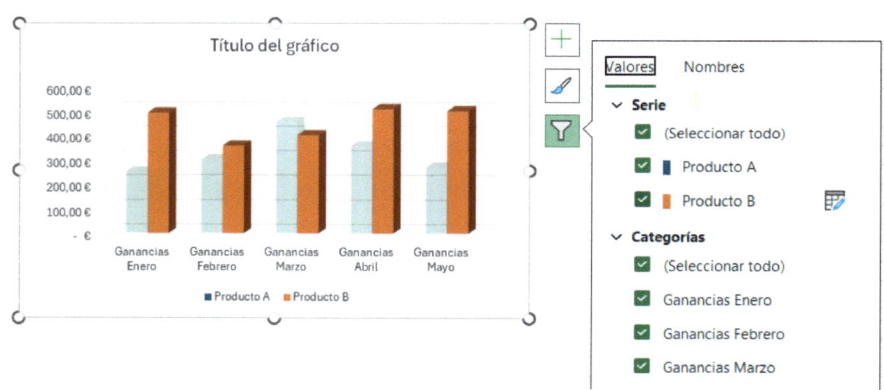

Ilustración 54: La opción de filtros permite ver la gráfica desde diferentes perspectivas. Aquí estamos seleccionando que se vea solamente el producto B.

Ilustración 55: Opciones de la barra de herramientas. A la izquierda, "agregar elemento de gráfico" nos da las mismas opciones que el desplegable de las anteriores ilustraciones. "Diseño rápido" ofrece varias de estas combinaciones ya predeterminadas por EXCEL. A la derecha, "cambiar tipo de gráfico" nos permite reconvertir este gráfico en otro, sin necesidad de volver a comenzar.

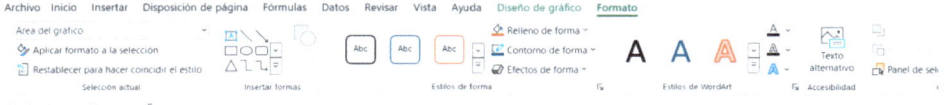

Ilustración 56: Opciones de formato para el interior de la gráfica. Rellenos, bordes... las opciones son infinitas, y puedes usarlas para cualquier elemento (ejes, título, contorno...) de tu gráfico. A la derecha de la pantalla aparecerá un desplegable con más opciones.

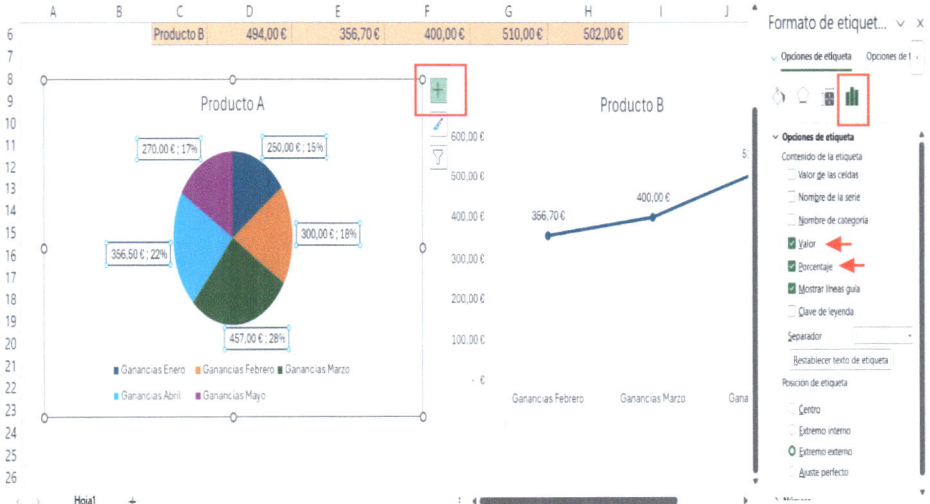

Ilustración 57: Una opción muy interesante es (tras convertir nuestro gráfico a uno circular) seleccionar el símbolo de "elementos de gráfico". Aquí seleccionamos "más opciones". Se abre el desplegable y en "opciones de etiqueta" tenemos opciones muy interesantes como añadir los valores y los porcentajes.

Todos los elementos de la gráfica (título, barras, datos...) son modificables si hacemos clic dentro de ellos (doble clic para modificarlos).

Si, por ejemplo, hacemos clic solo en las barras, en el desplegable de la derecha aparece "formato de series de datos", donde podemos dar formato a nuestras barras con colores, degradados... Si, por ejemplo, seleccionamos un eje, podemos cambiar la escala, entre muchas otras opciones (como, por ejemplo, valores mínimos).

Pero... ¿y si quiero **seleccionar únicamente algunas casillas y no la tabla entera**? Muy sencillo. Seleccionamos una de las celdas que tienen que aparecer, y después, manteniendo la tecla CTRL pulsada, vamos haciendo clic en las demás casillas. Finalmente, insertamos la gráfica.

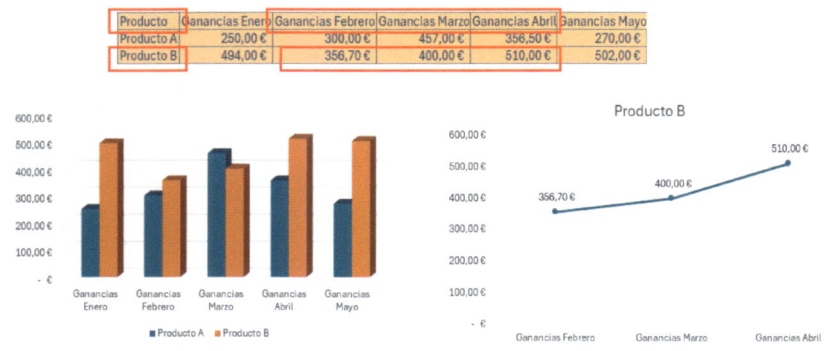

Ilustración 58: Hemos seleccionado las casillas "producto", "producto B", así como las de ganancias de febrero, marzo y abril, junto con las casillas correspondientes a estas ganancias. De esta forma vemos las ganancias para el producto B durante estos tres meses, y esta vez con un gráfico de línea.

Cuidado, es importante pulsar la tecla CTRL una vez hallamos seleccionado la primera casilla que debe aparecer en la gráfica, y no antes. Podríamos tener seleccionada sin querer otra casilla que no queremos (por ejemplo, una casilla en blanco).

Hay que fijarse también en que nuestra selección siempre tenga forma de **rectángulo**. Si no, Excel generará gráficos extraños, ya que no entenderá nuestra selección.

¿Qué gráfico es el más adecuado? Aquí te doy algunos consejos:

- Los **gráficos de barras** sirven para comparar diferentes categorías (como ingresos de diferentes fuentes).
- Los **gráficos de líneas** muestran tendencias a lo largo del tiempo.
- Los **gráficos circulares** nos dan proporciones dentro de un total.

- Los **gráficos de dispersión** (algo más complejos) nos muestran la relación entre dos conjuntos de datos.

Porcentajes.

Raro será el caso en el que no haya que calcular algún porcentaje.

Hay que entender lo siguiente:

- Puedes calcular un porcentaje de un número.
- Puedes calcular ese porcentaje y restárselo a ese número (por ejemplo, para saber el precio final de un artículo con descuento).

Por ejemplo: un móvil que vale 250 € tiene un 35% de descuento. Esto significa que descontamos 87,50 € de su precio. Pero ¿y el precio final? Pues restamos ese valor al valor inicial. 250-87,5=162,5.

¿Por qué te cuento todo esto? Para hacerte la vida más fácil en algunos casos. Si tienes que calcular el descuento en Excel, basta con multiplicar el porcentaje por el valor inicial. Pero si tienes que calcular el precio final, debes entender también que:

- 100% es igual a 1 (100/100=1)
- Por tanto, para calcular lo que se le resta al valor inicial, multiplicamos ese valor por (1-porcentaje). Es decir, calculamos primero su 100% y luego le restamos el % que sea, pero en una misma operación.

Vamos a verlo:

	A	B	C	D
1			Precio de los móviles que quiero	
2			Descuento de la tienda	35%
3			Precio inicial	Precio con descuento
4			250	=C4*(1-D2)
5			310	
6			400	
7			460	
8			545	
9				

Ilustración 59: Para saber el precio final, introducimos la operación descrita en Excel. Eso sí, debemos Fijar la casilla del descuento para que, al arrastrar la operación hacia abajo, siga multiplicando por 35%.

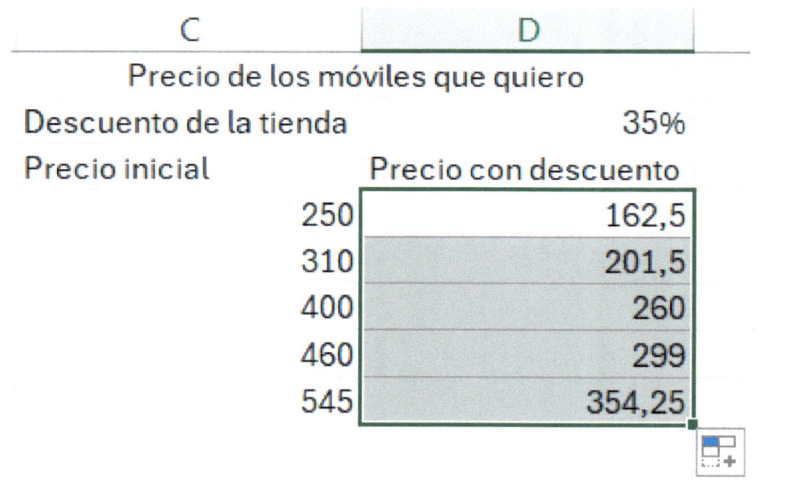

Ilustración 60: El resultado al arrastrar la operación hacia abajo. Ahora tenemos todos los precios finales.

Funciones avanzadas.

Vamos a ver lo último de todo antes de aprender a imprimir y vincular Excel.

Funciones de texto.

Empecemos con las funciones de texto más comunes. Las puedes encontrar en la barra de herramientas, en el apartado "fórmulas". Aquí debes seleccionar el desplegable de "fórmulas de texto".

- La primera es la función **LARGO**. Sirve para calcular cuántos caracteres hay dentro de una o varias celdas. Los espacios cuentan como caracteres.

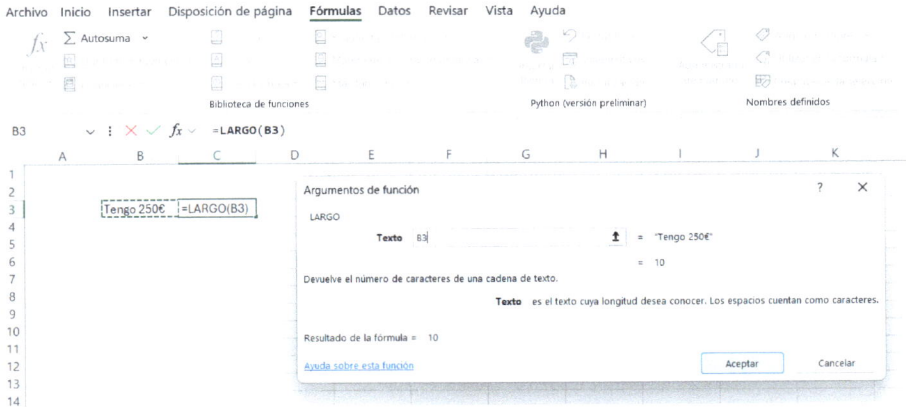

Ilustración 61: Vemos la opción de "texto" en la barra de herramientas de fórmulas. Si seleccionamos LARGO, nos pide la celda o celdas que deseamos conocer. En la ventana de selección ya nos da el resultado (10), pero si le damos a aceptar, ese valor aparecerá en la celda de la derecha.

- La siguiente es la función **IZQUIERDA**. Nos permite seleccionar caracteres empezando por la izquierda.

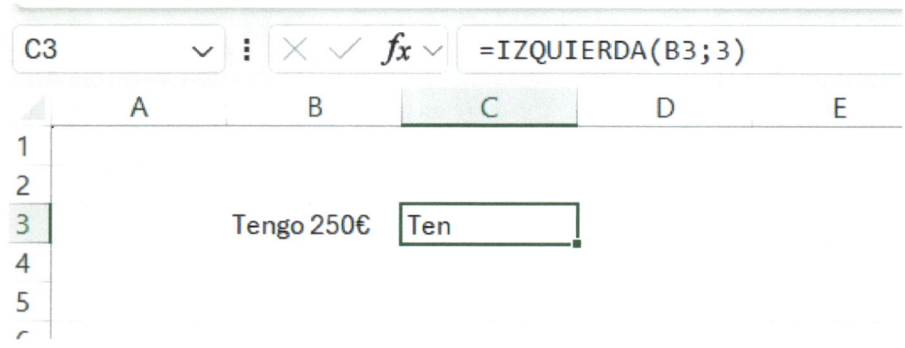

Ilustración 62: Hemos seleccionado 3 caracteres de la celda B3.

- La función **DERECHA** hace exactamente lo mismo, pero desde la derecha.
- La función **EXTRAER** sigue el mismo razonamiento, pero en la mitad del texto.

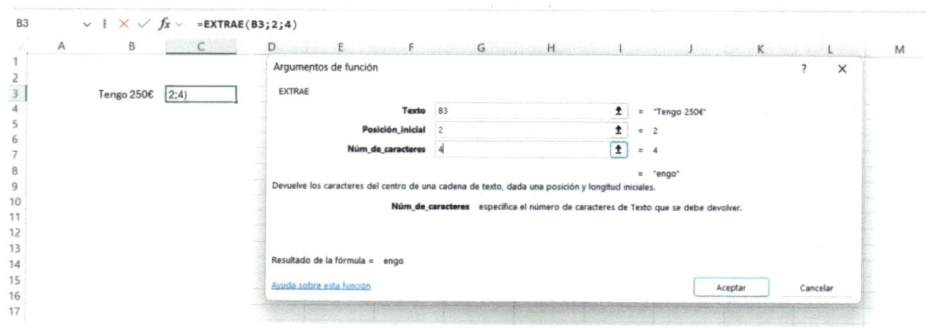

Ilustración 63: Seleccionamos, como en los otros casos, el "texto" (la celda), la posición inicial (carácter a partir del cual realizamos la extracción), y la cantidad de caracteres que nos interesa extraer. En este caso, a partir de la posición 2 y seleccionando 4 caracteres, nos quedaríamos con el vocablo "engo".

- La función **ENCONTRAR** busca la posición de un carácter en el texto. Introduciremos en la ventana el valor buscado, la celda, y el valor inicial a partir del cual Excel comienza la búsqueda. El resultado es un número que indica la posición de nuestro valor buscado.
- La función **CONCATENAR** sirve para unir, en la celda que seleccionemos, los textos de varias celdas. En la ventana

emergente únicamente deberemos seleccionar las casillas que deseemos unir.

No es tan difícil, ¿verdad?

Ahora veremos las fórmulas más avanzadas, pero tampoco te preocupes en exceso.

Otras funciones que te serán útiles.

El objetivo de este libro no es entrar en funciones de lógica y avanzadas. Es más, por ejemplo, en el caso de las trigonométricas, te interesarán si cumples un determinado perfil (matemáticas, ingeniería...). Te voy a introducir un par de funciones que pueden serte **útiles** en algún momento:

- **BUSCARV**: Significa buscar en una vertical. Buscamos un valor de una tabla, y Excel lo encuentra. Veamos un ejemplo.

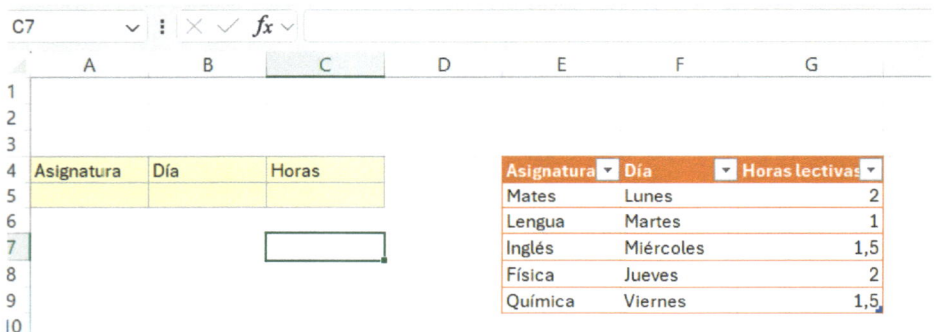

Ilustración 64: Queremos que la tabla de la izquierda nos devuelva el día y número de horas si escribimos la asignatura en su columna.

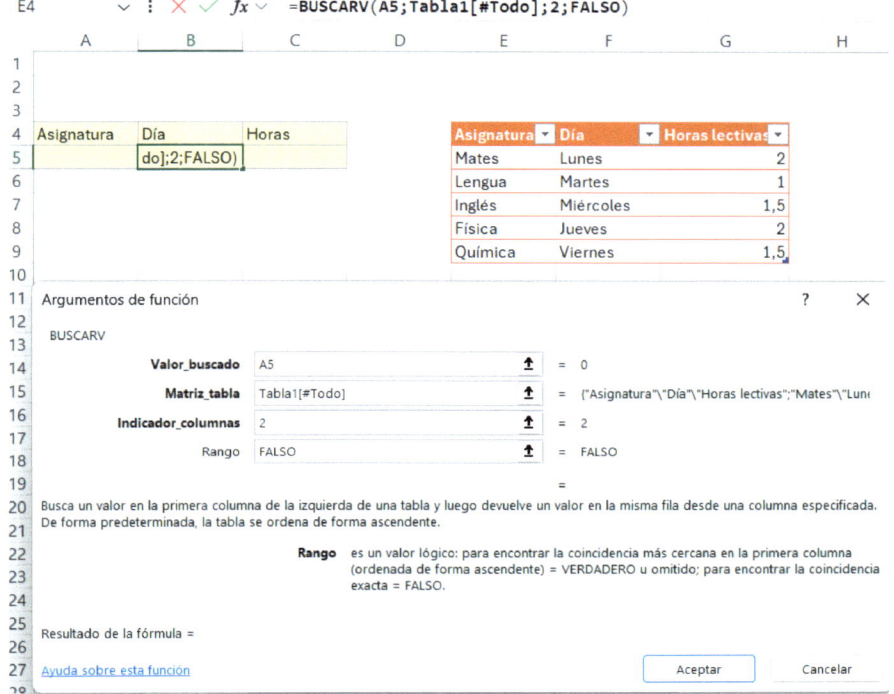

Ilustración 65: Rellenamos de la siguiente forma. En "valor buscado" seleccionamos la casilla de "asignatura" de la tabla de la izquierda (es donde NOSOTROS buscaremos escribiendo lo que queremos saber). Luego en "matriz tabla" seleccionamos la tabla donde Excel buscará. En "indicador de columnas" colocamos la nº2, es decir, la de "día" (a partir de la cual queremos conocer la respuesta). Y en "rango" siempre escribiremos "FALSO".

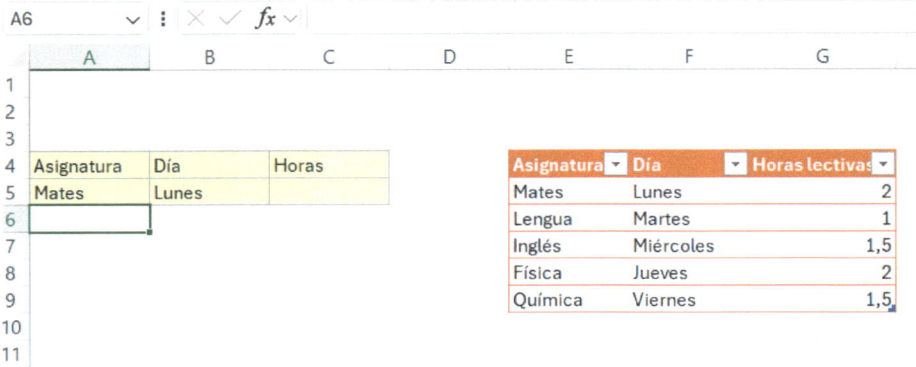

Ilustración 66: Y aquí tenemos el resultado. Si escribimos "Mates", Excel nos dice que la tenemos el lunes. Para la columna de "horas", deberemos escribir la función BUSCARV de nuevo, pero con la columna 3.

- **Promedio**: Calcula medias aritméticas. Aparece en el acceso directo de fórmulas que ya vimos con anterioridad, o en el apartado "fórmulas" de la barra de herramientas. Simplemente deberás introducir dentro del paréntesis las celdas de las que quieres conocer su media. Por último, debes saber que, si seleccionas toda tu tabla y directamente seleccionas la función promedio en el acceso directo rápido, te calculará automáticamente todas las medias de forma inteligente.
- **CONTAR.SI** re devuelve un total de valores siguiendo un criterio. Excel te pedirá un rango (una tabla, un conjunto de celdas, etc.) y un criterio (por ejemplo, que te diga cuántas tienen el número 2, si en todas esas celdas hay un número del 1 al 10). Eso sí, este criterio debes ponerlo entre comillas.

Ilustración 67: Ilustrando el ejemplo, nos dará un resultado de 4. Es decir, el número 2 aparece cuatro veces.

Imprimir el Excel.

Vale. Has hecho ya todas tus tablas y análisis. Ahora tienes que crear un PDF, o, aún peor, imprimir tu archivo Excel.

Y cuando le das a imprimir...tablas cortadas en varias hojas, o bordes de tabla salidos de los márgenes. Un desastre.

No te preocupes.

Lo primero que debes tener en cuenta es que no debes imprimir desde la función de "imprimir", sino desde la propia hoja de Excel. Sigue estos pasos:

1. Selecciona toda la tabla.
2. Vete a "diseño de página" en la barra de herramientas.
3. Selecciona "área de impresión" y coge la opción de "**establecer área de impresión**". Ahora Excel ya sabe que quieres imprimir lo seleccionado.
4. En vista preliminar (o desde la opción imprimir) tendrás varias opciones: **orientación** de la hoja, **tamaño** de papel... vete abajo del todo y pincha en "**configurar página**".
5. En el desplegable que aparece, puedes seleccionar:
    a. Orientación vertical u horizontal.
    b. Ajustar de "1" página de ancho por "1" página de alto. Esto es para ajustarlo a una hoja. Si usas el escalado al 100% la tabla te aparecerá en varias hojas en caso de no caber en una.
    c. Tamaño de hoja (por ejemplo, A4).
6. Al aceptar nos aparece una vista previa con nuestra tabla en una sola hoja de papel.

En el desplegable del punto 5 también tienes opciones muy interesantes, como la de agregar encabezados y pies de página.

¿A que no era tan complicado?

Por último, para generar un PDF tienes dos opciones:

- Guardar el documento por la vía tradicional ("Guardar como"), y seleccionar la opción de "PDF".
- Seleccionar la opción de "Exportar" y, de esta forma, crear automáticamente un PDF en la ubicación que queramos (escritorio, documentos…).

Conclusión: esto es solo el principio.

Acabas de terminar el libro.

Mi más sincera enhorabuena. Has decidido dar el paso, actualizarte y abrirte a muchísimos puestos de trabajo.

Ya sabes hacer tablas, trabajar con ellas, generar gráficos, analizarlos… y muchos "truquillos" que te vendrán muy bien.

Pero ¿por qué digo que esto es solo el principio? Muy sencillo. Ahora te toca a ti practicar, crear tus tablas, probar todas las opciones, equivocarte. Te voy a dar un consejo. Coge tu ordenador y empieza a escribir en una hoja de Excel todos tus ingresos y gastos. Una vez lo tengas, utiliza funciones como "suma" o "promedio" para ver tus totales. Usa la resta para obtener la diferencia entre ingresos y gastos. Evidentemente, dale antes un formato chulo de tabla. Una vez hecho esto, crea un gráfico y juega con él. De esta forma, has creado tú solit@ una forma de controlar tus gastos, generar ahorro o ver todos tus movimientos.

Estas pequeñas cosas te irán motivando y dando confianza. Así que lánzate a por ello. Espero de corazón haberte sido de ayuda.

Agradezco mucho tu reseña positiva en Amazon, para poder crecer y llegar a más lectores.

www.ingramcontent.com/pod-product-compliance
Lightning Source LLC
Chambersburg PA
CBHW040239220526
45473CB00001B/299